MYSTÈRES! MYSTÈRES! MYSTÈRES!

Créatures mystérieuses

Katie Dicker

SAUNDERS
BOOK COMPANY

Publié par Saunders Book Company,
27 Stewart Road, Collingwood, ON Canada L9Y 4M7

Un livre de Appleseed Editions

Imprimé aux États-Unis
par Corporate Graphics à North Mankato, Minnesota

Conçu par Hel James
Édité par Mary-Jane Wilkins
Traduit de l'anglais par Anne-Sophie Seidler

Catalogage avant publication de Bibliothèque et Archives Canada

Dicker, Katie
[Mysterious creatures. Français]
        Créatures mystérieuses / Katie Dicker.
(Mystères!)
Traduction de : Mysterious creatures.
Comprend un index.
ISBN 978-1-77092-304-1 (relié)
        1. Monstres--Ouvrages pour la jeunesse. I. Titre. II. Titre :
Mysterious creatures. Français.
QL89.D4814 2015   j001.944   C2015-902498-6

Crédits photos
Page-titre Kostyantyn Ivanyshen; 2-3 andreiuc88;
4 Algol/ tous Shutterstock; 6 © Getty Images/Thinkstock;
11 Pichugin Dmitry/Shutterstock; 13 Sergey Petrov/
Thinkstock; 17 Ivan Kuzmin; 22 diversepixel/
les deux : Shutterstock
Couverture : Algol/Shutterstock

Artwork Q2A Media Art Bank

DAD0054z
032015
9 8 7 6 5 4 3 2 1

Table des matières

Histoires terrifiantes

As-tu déjà entendu des histoires
peuplées d'étranges créatures
cachées dans les forêts
ou dans les profondeurs
marines? Penses-tu
que ces histoires
pourraient
être vraies?

Les mythes et les légendes sont remplis
d'histoires de dragons, mais ces
créatures existent-elles réellement?

De nombreuses cachettes

Certaines personnes ont vu de mystérieux monstres. Elles racontent avoir vu des ombres étranges ou d'énormes empreintes, ou encore avoir entendu des bruits étranges la nuit. La terre est remplie d'endroits où ces créatures pourraient se cacher : les mers profondes, les montagnes **escarpées** et les vastes déserts. Pourrait-il y avoir un monstre près de chez toi?

Dangereux dragons

Depuis des milliers d'années déjà, les hommes parlent des dragons. Des scientifiques pensent que certains récits de dragons décrivaient en réalité des lézards géants. Il y a plus de 40 000 ans, un énorme lézard du nom de Megalania prisca vivait sur terre. Il était suffisamment gros pour pouvoir attraper et manger un humain!

Histoires étranges

En 1979, dans les monts Watagan, sur la côte est de l'Australie, le scientifique Frank Gordon découvrit un énorme lézard de dix mètres de long qu'il avait pris pour un tronc d'arbre! Des empreintes énormes ont également été découvertes dans le **bush** d'Australie. Pourrait-il s'agir du Megalania?

Monstres volants

Imagine : tu regardes le ciel, quand soudain, tu aperçois un monstre hurlant au-dessus de ta tête, avec d'énormes ailes, de terrifiantes **serres** et un long bec tranchant... C'est ce qui est réellement arrivé aux États-Unis.

Oiseau géant

En 1969, la femme d'un shérif vit un gigantesque oiseau voler au-dessus de Little Pine Creek, en Pennsylvanie. Le monstre avait une **envergure** de 20 mètres. L'année suivante, des gens virent une créature survolant la côte du New Jersey. Ses ailes étaient aussi longues que celles d'un avion. Les gens de la région le surnommèrent Thunderbird, l'Oiseau-Tonnerre.

Dans les légendes amérindiennes, l'Oiseau-Tonnerre bat de ses énormes ailes pour déclencher le tonnerre et faire souffler le vent.

Récits similaires

Des oiseaux géants ont également été aperçus au Texas. En 1976, Jackie Davis et sa cousine Tracey Lawson furent effrayées par un oiseau de plus de 1,50 m de long. Elles coururent chercher leurs parents, mais l'oiseau s'était déjà envolé. Un mois plus tard, trois enseignants roulaient à San Antonio, lorsqu'un oiseau géant fila au-dessus de leur voiture. Il avait d'énormes ailes osseuses, comme celles d'un **ptérosaure**, mesurant environ six mètres de large.

Il y a des milliers d'années, les ptérosaures étaient les rois du ciel. Leurs ailes étaient immenses et leur bec mortel.

Oiseau africain

En Afrique, on raconte également des histoires d'oiseaux géants. Les habitants racontent que les forêts sont peuplées d'une étrange créature volante appelée Kongamato, qui attaque les gens dans les rivières et les lacs. Ils racontent qu'il ressemble à un ptérosaure, mais il s'agit peut-être en réalité d'un type d'oiseau géant ou d'une chauve-souris.

À la recherche de preuves

En 1932, au Cameroun, c'est avec effroi que des scientifiques virent une créature volante plonger sur leur bateau. Elle avait la taille d'un aigle, mais possédait des dents pointues et des ailes semblables à celles d'une chauve-souris. Dans d'autres parties du pays, on trouva des empreintes laissées par une longue queue dans la boue. De plus, en 1956, un ingénieur aperçut deux créatures survolant un lac en Zambie. Elles possédaient toutes deux une longue queue fine et un bec pointu avec des dents.

Histoires **étranges**

En 1998, Steve Romandi Menya, étudiant kenyan vivant en Louisiane, raconta que le Kongamato vivait toujours dans le bush africain. Il expliqua que l'oiseau se nourrissait de viande d'humains enterrés trop près de la surface du sol.

Kongamato signifie « casseur de bateaux ». Les pêcheurs africains craignent cette créature depuis des centaines d'années.

Monstres des montagnes

Dans de nombreuses parties du monde, des gens prétendent avoir vu une créature poilue ressemblant à un singe, avec des bras ballants jusqu'au sol. Imagine l'effet que cela doit faire de se retrouver face à face avec une bête aussi terrifiante!

Rencontre avec le yéti

Dans les hautes montagnes du Népal, on raconte qu'il existe un grand monstre poilu qui se cache des humains. Il est connu sous le nom de yéti, ou « abominable homme des neiges ». En 1938, un homme perdu dans les montagnes, presque mort de froid, raconta qu'un énorme yéti s'était approché de lui et lui avait tenu compagnie jusqu'à ce qu'il soit de nouveau assez fort pour rentrer. A-t-il inventé tout cela?

On raconte que le yéti fait plus de 2,5 m de haut, qu'il a de longs poils et d'immenses bras.

on cousin américain

On raconte que dans les forêts
et les montagnes d'Amérique du
Nord se cacherait un énorme singe
poilu. On l'appelle généralement
Sasquatch au Canada et Bigfoot
aux États-Unis. Les gens racontent
des histoires terrifiantes à son
sujet. En 2007, en Arizona,
un homme raconta qu'en se
rendant en voiture au travail,
une créature poilue ressemblant
à un singe, d'une taille d'au
moins deux mètres, traversa
la route embrumée.

Histoires étranges

En 1967, Roger Patterson
rencontra la créature alors
qu'il était à cheval à Bluff
Creek, en Californie. Il
la filma et donna au film
le fameux titre : Bigfoot.
Certains pensent qu'il
s'agit d'un **canular**,
d'autres pensent que
c'est vrai. Jusqu'à présent,
c'est le seul indice qui
existe sur Bigfoot.

En Chine, on raconte qu'une
créature de plus de 200 kilos,
surnommée « Almasty »,
erre dans les montagnes.
Elle laisse des empreintes
géantes derrière elle.

11

Tueurs mystérieux

Dans l'obscurité de la nuit, les monstres ont de nombreux endroits où se cacher. Parfois, ils attaquent ou tuent des animaux. Ils disparaissent avant le lever du jour, après avoir fait des **ravages**.

Tueur d'animaux

Au Mexique, les fermiers ont très peur d'une bête terrifiante qui tuerait les moutons et les chèvres la nuit. La créature est surnommée le Chupacabra, soit : « suceur de chèvres ». On dit qu'elle fait la taille d'un babouin et qu'elle possède des yeux rouges globuleux, des serres redoutables, une peau sans poils et de puissantes pattes arrière.

Il n'existe pas de photos de Chupacabra, mais cette illustration donne une idée de son apparence.

Suceur de sang

Il existe également des récits de Chupacabra en Amérique du Sud et aux Philippines. En 1995, à Porto Rico, des centaines d'animaux de ferme furent tués la nuit. En 2008, aux Philippines, on accusa le Chupacabra d'avoir arraché la tête de nombreuses poules et d'avoir sucé leur sang. Un autre fermier raconta que ses chèvres avaient des trous **circulaires** dans le cou et qu'on leur avait sucé tout le sang.

Des moutons, des chèvres et des poules ont été sauvagement attaqués la nuit.

Histoires étranges

En 2010, un scientifique américain expliqua que les attaques de Chupacabra auraient en fait été commises par des **coyotes** malades. Ils auraient perdu leurs poils et auraient une peau plus épaisse à cause de **parasites**. Affamés, ils auraient attaqué les animaux.

Poison mortel

Dans le désert de Gobi, en Asie, on raconte qu'une autre sorte de tueur se cacherait dans le sable. L'Olgoï-Khorkhoï, ou « ver-intestin » mesure 1,50 m de long, possède une peau couverte de taches rouges et des piques à ses deux extrémités. Des voyageurs du désert le décrivirent comme un gros ver dressant sa tête au-dessus du sable, et affirmèrent qu'un seul jet de son poison jaune entraînait une mort rapide et douloureuse.

L'Olgoï-Khorkhoï de Mongolie, ou « ver-intestin ».

Il existe des récits
de courageux soldats
mongols essayant
d'échapper à
l'Olgoï-Khorkhoï.

Tueur du désert

Certains scientifiques pensent que dans les histoires du
ver-intestin, il pourrait s'agir en réalité d'un type de lézards
appelés scinques, qui se cachent dans le sable. Il pourrait
également s'agir d'une vipère de la mort, un serpent qui se
cache dans le sable et dont la morsure est mortelle. Le vaste
désert rend les recherches sur le ver-intestin difficiles, mais
de nombreuses personnes pensent qu'il existe vraiment.

Mystères dans la nature

Certains disent que les créatures les plus effrayantes se trouvent cachées dans les marais ou les jungles épaisses. Ainsi dissimulées dans les endroits les plus sauvages, elles attendraient que passe une proie pour bondir sur elle!

Défenseur de la forêt

Depuis plus de 200 ans, en Amérique du Sud, les peuples de la forêt amazonienne racontent l'histoire d'un énorme monstre se cachant dans la forêt. Surnommé Mapinguari, ou « défenseur de la forêt », il marche debout et mesure plus de deux mètres. Sa fourrure rousse, son cri féroce et son corps très puissant sont terrifiants.

On raconte que le Mapinguari possède de longues griffes tranchantes.

Énorme créature

En 1975, Mário de Souza rencontra une créature géante et malodorante près du fleuve Jamauchim au Brésil. Certains scientifiques pensent qu'il pourrait s'agir d'un **paresseux** géant, existant dans le pays il y a des milliers d'années, mais qu'on pensait disparu aujourd'hui.

Le paresseux est commun en Amérique du Sud. Existerait-il encore de nos jours des paresseux géants?

Histoires étranges

En 2003, Humberto Sosa et Susana Romano faisaient du jogging sur un chemin forestier, lorsqu'ils se trouvèrent nez à nez avec une espèce de singe terrifiant de deux mètres de haut! Ils se mirent à courir encore plus vite!

La bête du fleuve

Au Congo, en Afrique, on raconte qu'une créature, le Mokélé-Mbembé (« la bête qui stoppe le fleuve »), vit dans les marais de la Likouala. Les habitants de la région disent que cette créature géante ne mange pas de viande, mais tue quiconque s'approche d'elle.

À la recherche de preuves

En 1992, un touriste en visite au lac Télé, au Congo, prit quelques photos floues du monstre. On y voit la tête d'une créature ressemblant à un **sauropode**, de la famille des dinosaures. Des explorateurs découvrirent des empreintes dans la boue avec des traces de griffes au bout des orteils. Des scientifiques essaient de savoir à qui elles appartiennent.

Certaines personnes pensent que le Mokélé-Mbembé est un dinosaure.

On raconte que le Mokélé-Mbembé déteste les hippopotames et les tue directement, même s'il ne les mange pas.

19

Monstres marins

Depuis des milliers d'années, les marins racontent des histoires mystérieuses de monstres mangeurs d'hommes. Ces créatures terrifiantes surgissent du fond des océans et attaquent les navires en mer.

Les calmars tueurs

Dans les récits, il est question d'énormes têtes sortant de l'eau, de poissons géants, de serpents à cornes et de monstres poilus! L'une des créatures les plus terrifiantes est le kraken. Ce monstre marin aux nombreux tentacules est réputé pouvoir tirer un navire vers le fond. Le kraken dévorerait alors l'équipage.

Le kraken serait-il un calmar géant?

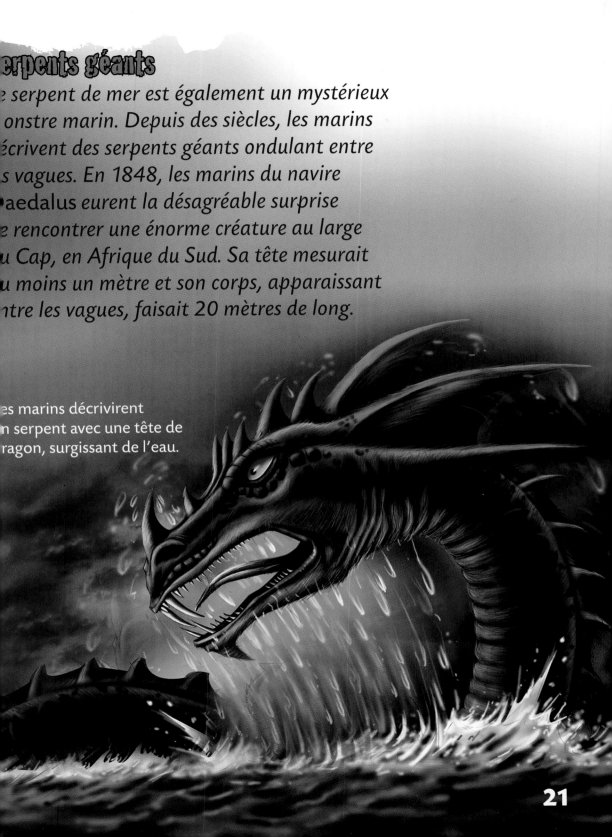

erpents géants

e serpent de mer est également un mystérieux
onstre marin. Depuis des siècles, les marins
écrivent des serpents géants ondulant entre
s vagues. En 1848, les marins du navire
aedalus eurent la désagréable surprise
e rencontrer une énorme créature au large
u Cap, en Afrique du Sud. Sa tête mesurait
u moins un mètre et son corps, apparaissant
ntre les vagues, faisait 20 mètres de long.

es marins décrivirent
n serpent avec une tête de
ragon, surgissant de l'eau.

Glossaire

bush
Formation végétale que l'on trouve dans certaines
régions sèches (Afrique, Australie, Madagascar),
composée d'arbustes et d'arbres bas.

canular
Fausse nouvelle, blague.

circulaire
Qui a ou qui rappelle la forme d'un cercle.

coyote
Animal carnivore d'Amérique
du Nord voisin du loup
et ressemblant à un chien.

envergure
Distance d'un bout
à l'autre des ailes
déployées d'un oiseau
ou d'un avion.

escarpé
Qui est à pic, raide.

parasite
Animal ou végétal qui se sert d'un autre
être vivant pour vivre, en lui causant
des dommages.

paresseux
Animal aux mouvements très lents, qui vit dans
les arbres et s'y pend la tête en bas, en s'accrochant
avec ses longs bras et ses longues griffes.

ptérosaure
Type de dinosaure volant.

ravages
Dégâts importants.

sauropode
Énorme dinosaure avec un long cou et une longue
queue, une toute petite tête et un énorme corps.

serres
Longues griffes tranchantes d'un oiseau.

Index